www.ingramcontent.com/pod-product-compliance
Lightning Source LLC
Chambersburg PA
CBHW081005170526
45158CB00010B/2923
* 9 7 8 1 0 7 2 9 1 8 8 7 5 *